AF372671

NOTICE BIOGRAPHIQUE

SUR

M. L'ABBÉ FABRE

Aumônier de la Sainte-Famille

ET CHANOINE HONORAIRE DE RODEZ ET DE ST.-FLOUR

Par M. l'Abbé H. MARTY

Chanoine honoraire

———

VILLEFRANCHE

PROSPER DUFOUR, IMPRIMEUR-LIBRAIRE

1887

Il semble qu'on ne puisse déposer sur une tombe qui se ferme un plus bel éloge que cette parole : *C'était un bon prêtre !*

Telle est, en effet, l'excellence du sacerdoce, que mener une vie qui en soit digne et remplir exactement les obligations qu'il impose, c'est, par cela seul, faire preuve d'une grande vertu.

Toutefois cet éloge serait au-dessous du mérite et de la réputation de M. l'abbé Fabre, ancien aumônier de la Sainte-Famille, dont la mort récente laisse dans le clergé un vide immense. Car ces devoirs, ces vertus sacerdotales qui font le bon prêtre, il en avait porté la pratique à ce degré supérieur qui les transfigure encore et leur donne comme un rayonnement de sainteté.

Sa piété éminente, son zèle incomparable, avec les œuvres nombreuses qui en sont les fruits, sa patience héroïque dans les longues et douloureuses infirmités qui ont couronné sa vie et ont ajouté à sa vertu « ce je ne sais quoi d'achevé » dont parle Bossuet, tout cela avait inspiré, non seulement à ceux qui l'approchaient, mais encore à la population catholique de notre cité, la plus haute estime pour le défunt, et cette impression se traduisait par ce mot qui s'échappait de toutes les bouches : *C'était un saint prêtre !*

Mais ce n'est pas dans ces dernières années que se sont révélés pour la première fois en lui cette piété et ce zèle qui forment le caractère spécial de sa vertu. Toute sa vie en a été plus ou moins embaumée, comme le montrera l'esquisse biographique que nous allons crayonner à grands traits.

NOTICE BIOGRAPHIQUE

SUR

M. L'ABBÉ FABRE

I

Pierre-Marie Fabre naquit à Orlhaguet, petite paroisse du canton de Sainte-Geneviève (Aveyron), en septembre 1809. Ses parents cultivaient leurs biens et se recommandaient par leur honnêteté et leur esprit chrétien. Le jeune Pierre débuta par la vie agricole des enfants de son âge et de sa condition. Le curé de la paroisse remarqua ce petit montagnard à la tête blonde et aux yeux bleu clair, qui, tout éveillé qu'il était, montrait déjà une piété peu ordinaire. Il y vit l'indice d'une vocation ecclésiastique et proposa au père de l'enfant de lui ouvrir cette voie en lui faisant faire ses classes de latin. Celui-ci s'y opposa d'abord ; quelques essais infructueux en ce genre qui avaient été faits dans le voisinage lui faisaient craindre qu'il n'en fût ainsi de son fils. Mais le jeune Pierre, qui déjà sans doute était habile en diplomatie, parvint à vaincre cette résistance, avec l'appui de son curé, qui lui donna les premières leçons de latin. Il fut, au bout de quelque temps, envoyé au petit séminaire de Saint-Flour, moins éloigné d'Orlhaguet, qui confine au Cantal, que les écoles ecclésiastiques existant à cette époque dans le diocèse. Sa piété se développa dans cet établissement et il y a laissé les meilleurs souvenirs d'édification.

Il alla faire ses études théologiques au Grand Séminaire de Rodez. Il nous a été plus facile de nous renseigner touchant l'impression qu'il y produisit sur ses maîtres et ses condisciples. Ce fut toujours sa tendre piété qui frappa d'abord l'attention ; car du cœur elle rayonnait d'une manière sensible sur tout son extérieur. Mais déjà se révélait un des côtés les plus saillants de son caractère et de sa nature : un zèle ardent servi par une habileté merveilleuse pour se procurer les moyens de l'exercer. Un trait suffira pour en donner une idée. Aumônier des pauvres, il avait imaginé, pour grossir la bourse qui pourvoyait à leurs besoins, de faire payer un sou d'amende pour tout livre ou objet quelconque égaré, et il percevait cet impôt avec une rigueur si fiscale, que, pour le plaisanter agréablement (car c'était un éloge sous la forme d'un reproche), on lui lançait en riant certaines épithètes méritées par les publicains de l'Evangile.

Cette disposition, cet art de se créer des ressources, joint à celui bien plus difficile de manier les volontés qu'il est nécessaire de grouper et d'harmoniser pour fonder des œuvres, explique (avec le concours de la Providence qui se sert souvent pour l'accomplissement de ses desseins des qualités et des défauts de ceux qu'elle choisit pour instruments), le succès de celles qu'il devait entreprendre plus tard. Son esprit était vraiment « fertile en expédients, » comme aurait dit Homère ; et, du reste, si on veut bien donner à cette comparaison un sens favorable, pourquoi ne dirions-nous pas qu'il a été l'Ulysse du zèle et de la charité ? Cependant cette habileté a pu paraître quelquefois mise en défaut par sa nature enthousiaste, qui le portait à réaliser promptement le bien qu'il avait en vue. Si, dans ces cas, il y avait erreur, pouvait-elle être plus excusable ?

II

Ordonné prêtre le 20 mai 1837, M. l'abbé Fabre fut nommé d'abord vicaire à Arvieu ; mais l'autorité diocésaine se ravisa et l'envoya, en la même qualité, à Notre-Dame de Villefranche.

Il y fit la même impression édifiante qu'à Saint-Flour et à Rodez. Il ne tarda pas à jouir, non seulement parmi le peuple, mais même parmi ses confrères, d'une estime toute particulière pour son zèle et sa piété. Mais bientôt ces vertus trouvèrent un champ plus en rapport avec leur ardeur.

« La Sainte-Famille, dit M. Léon Aubineau, dans un article récent de l'*Univers*, n'était déjà plus, en 1837, une simple Communauté, mais bien une Congrégation. Fondée en 1816 par la Vénérable Emilie de Rodat, sous la direction de l'abbé Marty, elle s'était étendue au delà du diocèse, et comprenait, avec la Maison-Mère de Villefranche, trois autres monastères. En outre, depuis près de quatre ans, elle avait institué des Maisons d'école qui allaient donner à la Congrégation un accroissement dont M. Marty avait béni, mais n'avait pu qu'entrevoir les prémisses.

« M. Marty était un homme de lumière et de foi. Il avait confessé la vérité dans l'exil. Il a été de ces nombreux ouvriers qui, après le Concordat, travaillèrent de toutes parts à relever l'Eglise de France, tout en la débarrassant des préjugés des derniers temps monarchiques. L'influence de l'abbé Antoine Marty, toute de piété et de doctrine, a été considérable dans le diocèse. A la Sainte-Famille, il était le Père. Tout s'était fait sous ses yeux, entre ses mains, avec son conseil et son approbation.

« Il avait été, dès l'origine, le confesseur de la Vénérable Emilie de Rodat, et il était devenu le Supérieur de sa Congrégation ; il en avait toujours appliqué les règles et il en avait rédigé les constitutions de concert avec la Mère. Mais il était mort en 1835, au moment même où la Congrégation prenait un développement inattendu. » (1)

En effet, une nouvelle branche venait de sortir du tronc vigoureux de la Ste.-Famille, la branche des Sœurs non-cloîtrées, pour les écoles des campagnes, et ce rameau s'était étendu au loin dès ses premières pousses. Cette multiplication de Maisons, loin de diminuer l'importance de la Maison-Mère, ne fit que l'augmenter par suite des nombreuses vocations facilitées par la création des nouveaux établissements, vocations qui amenaient au noviciat, placé au cœur de la Congrégation, un personnel de plus en plus considérable. On conçoit que cet état de choses rendit la charge du prêtre investi du gouvernement spirituel de la Maison de Villefranche beaucoup plus importante qu'elle n'avait été précédemment.

(1) *Univers* du 29 août 1887.

La confession des Sœurs et des élèves était confiée à l'un des vicaires de la paroisse Notre-Dame, lesquels, à raison de ce surcroît de travail, étaient au nombre de quatre. A l'époque dont nous parlons, c'était M. l'abbé Cabantous, de douce et sainte mémoire, plus tard curé d'Espalion, qui réunissait ce double ministère. Sur ces entrefaites, il fut nommé curé de St.-Salvadou. M. l'abbé Fabre désira et obtint de lui succéder. Mais il lui fut bientôt impossible, malgré son activité, de mener de front les deux fonctions. Il renonça au vicariat, et se consacra exclusivement à l'aumônerie de la Ste.-Famille, qui dès lors fut fondée.

III

La Mère Emilie ne tarda pas à apprécier à sa juste valeur son nouvel aumônier et à lui donner toute sa confiance. Ses mœurs austères, sur lesquelles la malveillance ne songea même pas à s'exercer, tant la moindre calomnie en ce genre eût paru invraisemblable, sa régularité de vie vraiment monacale, l'esprit ecclésiastique qui animait toute sa conduite, et, par dessus tout, ce zèle et cette piété qui faisaient toujours saillie sur l'ensemble de ses qualités, comme une broderie d'or sur un fond déjà précieux par lui-même, promettaient le ministère le plus fructueux.

De son côté, M. l'abbé Fabre se donna tout entier à l'œuvre si importante qui lui était confiée. Il en fit le but suprème de ses efforts, et si son zèle trouva d'autres aliments, il ne donna au-dehors que le superflu de son ardeur et de ses forces. Il est vrai que ce n'est pas peu dire. Son activité était telle, qu'elle ne paraissait pas avoir de limites. L'œuvre de la Sainte-Famille n'eut donc rien à souffrir de la coexistence des autres œuvres auxquelles il se consacra ; son zèle était comme une flamme qui se multiplie sans perdre de son intensité.

Son dévouement à l'Institut ne se borna pas aux fonctions spirituelles qui étaient du ressort direct de sa charge d'aumônier. Il s'intéressa et s'identifia pour ainsi dire à l'Institut lui-même, dont la prospérité lui fut fortement à cœur. Il

s'y employa avec l'adresse merveilleuse dont il
était doué, et, sans empiéter sur les attribu-
tions du Supérieur, tout à fait distinctes de celles de l'aumônier, il trouva moyen d'exercer
sur l'administration de la Sainte-Famille une
influence considérable. Il n'eut pas à fonder,
puisque l'édifice était fortement assis sur ses
bases, c'est-à-dire sur ses constitutions, après
vingt-quatre ans d'existence ; mais il eut à conserver et à développer. Il se garda bien de faire
entrer la Congrégation de la Ste.-Famille dans
une nouvelle voie ; mais il voua sa vie à l'empê-
cher de dévier de la route tracée par les deux
fondateurs et déjà affermie sous les pas d'un si
grand nombre de saintes filles. Sa constante pré-
occupation a été de tenir la main à l'observation
des saintes règles et à la conservation de l'esprit
primitif, cet idéal et ce modèle dont chaque famille religieuse doit se rapprocher le plus possible.

Cependant cette action de M. Fabre sur la
prospérité de l'Institut s'est exercée surtout,
soit par les instructions qu'il donnait aux Sœurs

sur la vie religieuse, soit par la direction des consciences. Elle se faisait sentir sur les religieuses professes, et notamment sur celles qui étaient à la tête du gouvernement de la Congrégation ; mais la moins efficace n'était pas celle qui avait pour objet les novices, auxquelles il sut si bien inoculer l'esprit religieux.

La Providence lui avait ménagé un secours inappréciable pour le mettre lui-même en état, dès le début, de conduire des âmes choisies dans les voies de la perfection chrétienne et religieuse. Ce fut d'être en contact intime et journalier avec une âme de sainte. En pénétrant, par sa charge de confesseur, dans l'intérieur de la Mère Emilie, il était à la fois maître et disciple : *Pascitur et pascit*, (il pait et fait paître en même temps) comme on le dit de sainte Geneviève gardant son troupeau en lisant les Saints Livres. Il était à l'école de la plus haute et de la plus sûre spiritualité. La Vénérable était déjà formée ; il n'avait qu'à la laisser voler de ses propres ailes qui la faisaient planer si haut. Mais son mérite a été de ne pas contrarier dans son élan une âme qui, par esprit de foi et d'obéissance, se laissait humblement et aveuglément guider par son confesseur. Tout en favorisant les derniers perfectionnements de sa sainteté, pendant les treize ans qu'il eut le bonheur de la diriger , il se forma lui-même et fut singulièrement aidé dans la tâche de conduire celles dont la noble ambition devait être d'imiter leur Mère.

La page suivante de la *Vie de la Mère Emilie* montre bien que l'action de M. l'abbé Fabre sur la Vénérable ne contribua pas peu à favoriser son ascension dans les hautes régions de la spiritualité :

« Au milieu de ses tourments , le désir de se rapprocher de son époux, de s'unir plus intimement encore à ce Dieu qui lui voilait ses grâces et ne lui faisait connaître aucune douceur, ce désir transportait la Mère Emilie ; elle eut voulu tous les jours se lier plus étroitement au service du divin Maître. Les quatre vœux d'obéissance, de charité, de pauvreté et de clôture ne suffisaient plus à son amour. Elle désirait s'engager d'une façon plus singulière dans son ardeur à suivre son Bien-Aimé; pouvait-elle supporter rien de tiède? Elle se sentait intérieurement pressée de ne pas s'appliquer uniquement à éviter le mal, et, sans condescendance pour la faiblesse humaine, elle voulait faire en tout ce qui était le plus parfait. Les âmes généreuses ne se contentent pas de se donner à Dieu, jour par jour, pour ainsi dire, elles aiment à engager à l'avance leurs actions et leurs paroles.

« La Mère Emilie exprima à M. Marty le désir de se soumettre par un vœu à l'obligation formidable à la nature humaine de faire en tout ce qu'il y a de plus parfait. C'est là un engagement assez rare dans l'histoire des Saints, et que quelques natures d'élite seules ont pu prendre et remplir. M. Marty trouvait les quatre vœux suffisants à la sanctification d'une âme; il recommande à la Mère de s'appliquer à en remplir avec exactitude les obligations, et à ne pas laisser courir son esprit et ses désirs au-devant de nouveaux engagements. Toujours docile, la Vénérable acquiesça à cette recommandation, mais le désir ne cessa d'agiter son cœur; elle se sentait chaque jour pressée de donner à Dieu une autre marque d'amour ; elle éloignait en vain cette pensée comme une tentation ; le désir persistait, et il se manifestait au milieu des plus profondes ténèbres et des tourments interieurs les plus aigus.

« Après la mort de M. Marty, la Mère s'ouvrit sur ce point avec le confesseur qui l'a dirigée pendant les treize dernières années de sa vie (1839-1852). Celui-ci fut effrayé d'une pareille pensée. La vertu de la Mère Emilie lui était connue, mais dans l'état violent de tentations où se trouvait cette âme, un pareil engagement paraissait devoir être un nouveau supplice. Au milieu des obscurités qui enveloppaient cet esprit et des désolations qui torturaient ce cœur, comment dans toute pensée, toute action, toute démarche, embrasser avec une fermeté inébranlable ce qu'il y a de plus parfait ? Cela est impossible à la nature ; il y faut la lumière de Dieu soutenant et conduisant une âme remplie de l'héroïsme de la vertu.

« N'est-ce pas une folie , disait la Vénérable ,
« en manifestant un désir qu'elle ne pouvait
« renfermer en elle-même, n'est-ce pas une folie
« à moi , misérable , de vouloir imiter les plus
« grands saints ? » C'était une folie en effet, la
folie qui enivre les grandes âmes , la folie de la
Croix dont parle saint Paul et à laquelle rien
ne peut résister. Le confesseur sonda de nouveau ce cœur qu'il connaissait déjà ; il l'étudia
avec toutes les lumières que Dieu voulut lui
communiquer, et à son tour , il se sentit pressé
d'accorder à sa pénitente ce qu'elle demandait.
Il en reparla le premier , il s'informa si ce désir
subsistait et s'il était accompagné de cette paix
de l'âme qui indique toujours l'action de Dieu.

« Après avoir reçu une réponse affirmative ,
il recommanda à la Mère d'unir ses prières aux
siennes , et quittant aussitôt le confessionnal, il
alla se placer devant le Saint-Sacrement, con-
jurant Dieu de toutes ses forces de lui venir en
aide , reconnaissant sa faiblesse , son peu d'ex-
périence , le danger où une imprudence pouvait
le jeter , lui et l'âme confiée à sa direction. Au

bout de dix minutes d'humbles et ardentes prières, se sentant sollicité encore plus vivement
d'accéder au désir de sa chère brebis, il l'auto-
risa à faire le vœu redoutable auquel elle n'osait
arrêter sa pensée. Ce vœu fut prononcé aussitôt au milieu des gémissements, des soupirs,
des larmes et de la joie.

« Aujourd'hui, continue l'historien, le confesseur atteste que pendant les onze années que
la Vénérable Mère Emilie a encore vécu depuis
cet engagement, sans embarras de conscience,
sans aucune gène, sans aucune contention d'esprit, au milieu de tentations continuelles les
plus horribles, elle a accompli ce vœu dans toute sa perfection et sans la moindre infidélité vo-
lontaire. » (1)

IV

Le zèle pastoral de M. l'abbé Fabre s'exerça
aussi sur les élèves de l'établissement et produisit des fruits consolants, dont il a pu cons-

______

(1) *Vie de la Mère Emilie,* par M. Léon Aubineau,
ch. XXIII, p. 512.

later plus tard la maturité avec bonheur , lorsque ces élèves , devenues mères de famille , ont fait et font encore l'édification de notre ville ou des paroisses voisines, ou même lorsqu'un nombre assez considérable d'entre elles sont entrées dans la vie religieuse. Il est difficile de calculer toute la récolte spirituelle sortie de ces premières semences jetées dans le cœur de tant de jeunes personnes qui , en grand nombre , pendant quarante ans , sont venues successivement recevoir de ce prêtre zélé et éclairé cette première formation morale et religieuse qui décide le plus souvent de toute la vie. Aussi nous n'avons pas été étonné de toute la reconnaissance exprimée avec effusion par un de nos plus respectables curés de canton , (1) dans une lettre écrite à l'occasion de la mort de M. l'abbé Fabre , pour tout le bien qu'il avait fait de cette manière à sa paroisse.

Du reste, un des mérites les plus reconnus de M. l'abbé Fabre est cette habileté dans la direction des consciences. Il savait s'accommoder ad-

M. l'abbé Gasc, curé de Najac.

mirablement aux besoins de chacun et se mettre
à la portée de tous. Aussi son genre de direction
variait avec les différentes categories de personnes. Bref et rond, généralement parlant, avec
les religieuses, qu'il faut accoutumer à une vertu forte et plus agissante que sensible, et qu'il
instruisait d'ailleurs suffisamment sur leurs devoirs particuliers dans ses conférences hebdo-
madaires sur la vie religieuse ; tranchant hardi-
ment avec les scrupuleux, qu'on ne peut tirer de
l eurs perplexités que par une soumission aveu-
gle, il était indulgent et facile, sans cependant sa-
crifier les principes, avec les personnes du monde.

Il était pour Villefranche ce que sont pour les
grandes villes les religieux de la Compagnie de
Jésus, en qui on s'accorde à reconnaître un talent particulier pour la direction spirituelle des
gens du monde. Aussi beaucoup de personnes
allaient à lui ; et ce qui prouve que cette affluence
n'était pas l'effet d'un engoûment ou d'un enthou-
siasme passager, c'est que cette confiance a été
persévérante et qu'un grand nombre de ses pé-
nitents ont persisté à recourir à son ministère

jusqu'à la fin, malgré ses infirmités, et ont attendu que la mort le leur ravit. Que pourrons-nous ajouter une fois que nous aurons dit que plusieurs de ses contradicteurs ont fini par lui témoigner leur estime et leur confiance, en le constituant juge de leur conscience?

V

Nous avons déjà fait remarquer que l'aumônerie de la Sainte-Famille, quelque importante qu'elle fût, et elle le devint de plus en plus, ne suffisait pas à l'activité de M. l'abbé Fabre. Dès la première année, et à peine en possession d'une chapelle, il obtint de Mgr Croizier, en 1840, l'autorisation d'y établir une affiliation à l'archiconfrérie du Cœur Immaculé de Marie pour la conversion des pécheurs, que venait de fonder, à Paris, le pieux abbé Desgenettes, curé de Notre-Dame des Victoires. Là, tous les dimanches et jours de fêtes, se presse, autour de l'autel de la Sainte-Vierge, une assistance nombreuse et recueillie, composée, non seulement des Sœurs et des élèves, mais encore d'un nombre assez considérable de fidèles qui , après avoir rempli leur devoir en prenant part aux offices paroissiaux , viennent, à la fin de la journée , chercher un aliment supplémentaire à leur dévotion. Qui pourrait dire les grâces de conversion dues, depuis quarante-sept ans, à ces supplications persévérantes , et les avantages spirituels que les instructions et les exercices pieux de ces réunions ont procurés à ceux qui les ont fréquentées?

Quelques années après , une œuvre d'un autre genre tenta le zèle de M. l'abbé Fabre. Un magasin de mauvais livres , fruit d'un mercantilisme honteux, s'étalait sans vergogne au sein de la ville , et la jeunesse , surtout celle du sexe, s'abreuvait abondamment à cette source empoisonnée. M. Fabre mit tout en œuvre pour la tarir ; il y eut réussi , si les autorités civiles et judiciaires de cette époque lui avaient prêté main-forte. Elles firent tout le contraire. On a souvent occasion de regretter que La Fontaine n'ait pas représenté dans une de ses fables un berger donnant tort à ses chiens contre les loups et ouvrant à ceux-ci la porte de la bergerie ; peut-être, au temps où il vivait, n'avait-on pas, autant que de nos jours, besoin de cette leçon. Ne pouvant pas supprimer le mal, il chercha à le neutraliser en fondant une bibliothèque de bons livres, qui permit à ceux qui avaient le goût de la lecture, sans avoir celui du vice, de le satisfaire sans danger.

Une œuvre, dont les résultats devaient être plus consolants et plus durables, ouvrit bientôt à son zèle un nouveau champ : je veux parler de la *Congrégation des hommes et des jeunes gens*. Elle fut fondée par le P de Bussy, en 1844, à la suite d'une mission prêchée à Villefranche par cet homme vraiment apostolique, nouveau Bridaine, dont l'éloquence entraînante avait remué et transformé notre population.

La direction en fut d'abord confiée à un prêtre d'élite, M. l'abbé Donadieu, ancien vicaire de Notre Dame, dont la grande âme était à la hauteur de toutes les œuvres, parce qu'elle était capable de tous les dévouements. Mais celui-ci ayant été nommé curé des Pesquiés peu de temps après, M. l'abbé Fabre fut nommé directeur à sa place par Mgr l'Evêque. La Congrégation des Hommes fut tout d'abord affiliée à la Congrégation de Rome dite *Primaria*, afin que ses membres pussent participer aux nombreuses indulgences dont cette dernière a été dotée par les Souverains Pontifes. Elle ne tarda pas à prospérer et fit le plus grand bien. C'est sans doute à elle que Villefranche doit, en grande partie, ce noyau excellent d'hommes de toute condition, dont la foi robuste et la fidélité aux pratiques religieuses font contraste avec l'affaiblissement général des convictions chrétiennes et des bonnes mœurs dans notre ville inondée de mauvais journaux. Il n'a pas fallu moins que le dévouement, le savoir-faire et la persévérance d'un prêtre tel que M. l'abbé Fabre, pour la maintenir malgré des obstacles de toutes sortes et des contradictions de toute provenance, surtout malgré l'inconstance, ce dissolvant des meilleures entreprises, et que faisait craindre le caractère d'une population qu'il est plus facile de pousser au bien qu'il ne l'est de l'y retenir.

Mais il a pleinement réussi, et il a eu la consolation, avant de mourir, de voir son œuvre chérie dans l'état florissant de ses meilleurs jours ; et celui qui, deux fois par mois, viendrait, le dimanche, à sept heures du matin, visiter la chapelle de la Sainte-Famille, serait édifié de voir un nombre considérable d'hommes faire le Chemin de la Croix, et puis assister au saint Sacrifice dans une attitude de piété grave, et écoutant avec une attention soutenue l'instruction qui l'accompagne et qui est appropriée à cet auditoire spécial. Et si entrant, dans le cours de la journée, dans les églises paroissiales, il jetait un coup d'œil sur l'assistance, il ne serait pas moins charmé de reconnaître, parmi les hommes les plus recueillis, ces mêmes congréganistes.

VI

Dans les réunions, soit de la Congrégation, soit de l'Archiconfrérie, M. l'abbé Fabre, sans être doué d'un talent oratoire extraordinaire, avait le don d'instruire avec clarté et intérêt :

ses exhortations étaient pleines d'onction et souvent mêlées de traits touchants qui tenaient en haleine ses auditeurs, ordinairement les mêmes, qui ne se lassaient pas de l'entendre. On avait cru remarquer qu'il s'inspirait, dans sa prédication, du P. de Bussy, dont il reproduisait jusqu'à un certain point, et peut-être sans s'en douter, la manière et jusqu'au ton et aux inflexions de la voix. Il ne pouvait d'ailleurs choisir un meilleur modèle pour impressionner le peuple et lui faire du bien.

Du reste, M. l'abbé Fabre s'acquittait du ministère de la prédication avec l'application qu'il mettait à tout. Il ne se livrait jamais au hasard de l'improvisation, et il écrivait et apprenait par cœur, non seulement toutes ses instructions, mais encore tous ses catéchismes. Il était, il est vrai, secondé, dans cette ardeur et cette constance, par les forces physiques. Bien que son tempérament exigeât certaines précautions, il jouissait cependant d'une excellente santé qui lui rendait si facile une longue application d'esprit, qu'il avouait n'avoir ja-

mais ressenti aucune fatigue de tête ; il réunissait ainsi le double avantage de l'adage antique :
Mens sana in corpore sano, mais d'autant plus
excellemment, que le travail de l'ouvrier évangélique est au-dessus de celui du philosophe
païen.

VII

Dire que le zèle de M. l'abbé Fabre allait
jusqu'à l'extrême limite de ses forces et qu'il
osait tout ce qu'il pouvait entreprendre, c'est
en faire sans doute un grand éloge. Et cependant il s'étendait plus loin encore. Le bien
qu'il ne pouvait pas faire par lui-même, il
trouvait moyen de l'inspirer aux autres et de
leur aider à l'accomplir. Nous en avons un
exemple frappant dans la fondation de l'*Orphelinat de Notre-Dame-des-Treize-Pierres*.

M. l'abbé Salacroux, curé de St.-Laurent, à
Paris, eut l'idée généreuse d'acheter les rui-
nes de l'église de *Notre-Dame-des-Treize-
Pierres*, avec quelques bâtiments adjacents,
pour une bonne œuvre qu'il n'avait pas encore

déterminée. M. l'abbé Fabre, toujours à l'affût de quelque entreprise pieuse ou charitable, vit bientôt quelle était la destination la plus utile à donner à ces constructions. Notre cité, dotée largement d'orphelinats de jeunes filles, était entièrement dépourvue d'asile pour les jeunes garçons pauvres et abandonnés. M. l'abbé Fabre, frappé de cette lacune, conçut le projet de la combler. Il n'eut pas de peine à faire adopter son idée par M. l'abbé Vernhes, neveu et héritier de M. l'abbé Salacroux. La chapelle fut restaurée, avec le concours d'un généreux donateur, M. Murat, les bâtisses furent agrandies et mises en état, et la direction de l'Orphelinat confiée aux Frères de Saint-Viateur, entre les mains desquels l'œuvre ne tarda pas à prospérer. Mais le dévouement et le savoir-faire de ces excellents éducateurs de la jeunesse, ni même leur intelligente administration ne pouvaient suppléer au manque de ressources. M. l'abbé Fabre y pourvut en grande partie. Et comme ses propres revenus, d'ailleurs modiques, ni même les sommes que sa charité ingénieuse savait se procurer ne suffisaient pas, il se fit auteur, et ne pouvant consacrer ses forces et son temps à l'évangélisation d'un troupeau qui n'était pas soumis à sa houlette, il travailla pour le sustenter. Ce fut la principale raison qui lui fit composer successivement trois catéchismes, dont il destina le produit à l'Orphelinat de Notre-Dame des Treize-Pierres : le *Catéchisme des Catéchistes*, eu deux volumes, le *Catéchisme de la vie religieuse* et l'*Explication élémentaire du Catéchisme de Rodez*.

Ces trois ouvrages ont eu un succès mérité, non peut-être de librairie, autant qu'on aurait pu s'y attendre, mais d'estime publique. Afin de mieux réussir dans ces publications, il avait eu soin de les relever par la collaboration de M. le chanoine Edouard Barthe, dont le nom déjà célèbre ne pouvait que jeter du lustre sur le livre qu'il recouvrait, et dont d'ailleurs le talent littéraire, non moins que la science théologique, devaient ajouter beaucoup à sa valeur intrinsèque. De plus, M. l'abbé Fabre, justement jaloux de l'orthodoxie et de la sûreté de sa destinée, avait voulu la faire passer par le contrôle de savants théologiens. Mais sa part de travail fut la plus considérable. Que de recherches pour amasser l'érudition dont ces volumes sont remplis ! que de labeur pour la distribuer en détail dans tant de pages et la mettre à la portée des lecteurs ! Qui n'admirerait ces journées si pleines dans lesquelles il faisait entrer ses exercices de piété exactement remplis, les fonctions d'un ministère laborieux et multiple, des audiences données à toutes sortes de personnes qui venaient le consulter, et dans les interstices laissés par ses devoirs d'état, la composition de ces livres, dont le double résultat était, d'un côté, de propager l'instruction religieuse, et de l'autre, d'aider à procurer aux orphelins de *Notre-Dame-des-Treize-Pierres* le pain du corps et de l'âme !

VIII

Il manquerait un trait important à la physionomie morale d'un prêtre, surtout dans les temps où nous vivons, si on laissait de côté ses opinions et son attitude dans la lutte politico-religieuse qui a occupé les esprits durant ces trois quarts de siècle si agités, et donné lieu, sinon à des divisions, du moins à des divergences parmi le clergé.

M. l'abbé Fabre n'appartenait à aucun parti politique, et en cela il offrait une nuance avec la plupart de ses confrères du Rouergue, qui étaient plus carrément légitimistes. Il ne paraissait pas avoir d'idées bien arrêtées sur la question politique ; mais il était ardent dans son dévouement à la Religion, et cette double disposition le rendit chaud et fidèle partisan du journal l'*Univers*, qui, dans sa première période d'existence, professait une certaine indifférence politique et s'attachait exclusivement à la défense de l'Eglise. Mais plus tard, comme le comte de Chambord arborait ouvertement le drapeau catholique, se montrant autant le champion du catholicisme que le représentant de la monarchie héréditaire, l'*Univers*, sans s'inféoder au parti royaliste, dont cependant il acceptait les principes, s'attacha à la cause du prince et lui fut fidèle jusqu'à la fin.

M. Fabre suivit naturellement son journal dans cette modification peu sensible de sa ligne de conduite. Mais c'était surtout au point de vue religieux que M. l'abbé Fabre professa un véritable culte pour l'*Univers*, c'est-à-dire pour « les doctrines romaines » dont ce journal a été « une tribune permanente, » et pour « la vérité » dont il a été « le porte-voix à travers les mille bruits d'une presse incrédule et frivole, » comme naguère le disait éloquemment l'illustre évêque d'Angers. (1)

Mais M. l'abbé Fabre devait avoir des relations plus particulières avec l'*Univers*. Lorsque, après la mort de la Mère Emilie, on dût songer à faire connaitre, pour l'édification publique, une vie si pleine de vertus et de mérites, il voulut choisir une plume habile et renommée, et s'adressa à la rédaction de l'*Univers*. Il se mit en rapport avec M. Léon Aubineau, qui

(1) Discours de Mgr Freppel à l'occasion du jubilé de l'Abbaye de Solesmes, 11 juillet 1887.

déjà s'était fait un nom comme rédacteur de ce journal et aussi comme hagiographe distingué. La *Vie de la Mère Emilie*, parvenue à sa quatrième édition, n'est pas la moins remarquable de ses œuvres. Il la composa sur les documents que lui fournit M. l'abbé Fabre. Ces documents constituèrent aussi une pièce importante du procès de Béatification de la Mère Emilie, à la préparation duquel ce dernier travailla activement, et dont l'idée première lui fut suggérée par M. Abbal, vicaire général et supérieur de la Ste.-Famille, homme prompt à concevoir de grandes choses, et non moins zélé pour s'employer à leur exécution.

Mais laissons la parole à M. Aubineau lui-même sur cette communication :

« Dans la Ste.-Famille, il vénérait la fondatrice. Il en poursuivait et en préparait la gloire ; plein de prévoyance, il avait, du vivant de la Mère, pris ses mesures ; usant, lui jeune encore, de son autorité sur cette grande âme pleine de mérites, et sans craindre d'ajouter à ses désolations, il lui avait ordonné, durant ses der-

nières années, de réunir ses souvenirs et de lui
raconter tout ce qui pouvait le mettre à même
de faire connaître plus tard son histoire. La Mère obéit en soupirant. Quelquefois le confesseur
écrivait sous la dictée de la Vénérable. « Mon
« Dieu ! disait-elle de temps en temps, vous me
« faites faire une chose bien pénible !..... Moi
« qui ai toujours été attirée à une vie bien ca-
« chée, vous me forcez à me produire ! » Le
confesseur n'avait qu'à dire : « C'est la volonté
« de Dieu ! » Elle se soumettait à raconter les
diverses circonstances de sa vie et les diverses
phases par où avait passé son âme. (1) Après la
mort de la Mère, l'abbé Fabre réunit ces récits ;
il y ajouta tout ce que purent lui fournir ses
propres souvenirs et ceux des Sœurs. Le tout
composa le thème d'un mémoire que j'ai entre
les mains, et qui, mêlé aux lettres de la Mère,
à tous les eclaircissements recueillis dans les
communications entretenues avec les Religieuses, devint le texte même de cette *Vie de la*

(1) *Vie de la Mère Emilie,* ch. XXIII, p. 409.

Mère Emilie, dont nous venons de faire quelques citations.

« En préparant les matériaux de l'histoire et en recueillant tout ce qui concernait la vie de la Mère Emilie, l'abbé Fabre n'envisageait pas la gloire de sa pénitente devant les hommes, mais bien la mémoire, au sein de l'Eglise, de cette héroïne de la charité. Il fut l'agent le plus actif, le plus dévoué, le plus ardent et le plus appliqué de l'introduction de la cause de la servante de Dieu ; tant qu'il eut de forces, tant qu'il put prier, il poursuivit l'avancement de la cause de Béatification, dont il voyait avec une sorte de triomphe approcher chaque jour l'heureuse proclamation. » (1)

A l'occasion de ces rapports de l'abbé Fabre avec l'historien de la *Vie de la Mère Emilie*, il s'établit entre ces deux hommes dignes l'un de l'autre une estime réciproque et une sympathie dont nous avons eu récemment la preuve. Il y a à peine trois mois, M. Léon Aubineau, passant à Villefranche pour prier sur le tom-

(1) *Univers* du 29 août 1887.

beau de la Vénérable Mère Emilie , demanda à
faire une visite au respectable et vieil aumônier,
cloué sur sa chaise d'infirmité. M. Fabre, dans
son état vraiment pitoyable, ne recevait que
les plus intimes de ses connaissances. Mais au
nom de l'auteur de la Vie de la Mère Emilie, il
tressaillit et voulut qu'on l'introduisit dans sa
chambre, et bien qu'il fût dans l'impuissance
de rendre par la parole les sentiments qui l'a-
nimaient, il nous fut facile d'en voir l'expres-
sion dans toute sa personne. Ce jour-là se
rencontra être, sans que nous le sussions, le
jour de ses noces d'or, qu'il avait tenu secret,
sans doute pour éviter des émotions nuisibles
à son état de faiblesse. Il nous fit bien entendre
qu'il avait fait la sainte communion le matin
même, mais nous ne comprîmes pas pourquoi ;
nous ne le sûmes que plus tard.

IX.

Le mérite de M. l'abbé Fabre avait été appré-
cié par l'autorité ecclésiastique. Mgr Delalle le
nomma chanoine honoraire. Mgr Bourret lui

offrit un des postes les plus importants du diocèse. Mais M. l'abbé Fabre refusa, en disant
que la Mère Emilie lui avait fait promettre de ne
pas abandonner son œuvre.

Il fut l'objet d'une autre distinction, à laquelle
il ne fut pas moins sensible. Mgr Baduel, évêque de St.-Flour, l'avait vu à l'œuvre de près,
quand il était lui-même curé de Notre-Dame de
Villefranche. Il voulut aussi lui témoigner son
estime particulière, en le nommant chanoine de
St.-Flour. Il semblait ainsi, en rattachant au
diocèse de St .-Flour, par un lien honorable,
l'ancien élève du petit séminaire de cette ville,
le ramener au point de départ de sa carrière
ecclésiastique, comme pour l'y couronner et le
récompenser de l'avoir si bien parcourue.

X

M. l'abbé Edouard Barthe rapportait, un
jour, en présence de M. l'abbé Fabre, une parole de M. Mollevault, l'un des membres les
plus célèbres de la Compagnie de Saint Sulpice,
qui montrait son grand esprit de foi. Ce savant

et saint personnage était réduit, vers la fin de sa vie, à un tel état d'infirmité et d'impuissance, qu'un de ses amis, s'apitoyant sur son inaction forcée, qui faisait contraste avec ses travaux antérieurs, lui exprima, dans une circonstance, combien il le plaignait de ne pouvoir rien faire, après s'être rendu si utile à l'Eglise. Alors M. Mollevault, se redressant avec une noble fierté, lui répliqua : « Comment, monsieur, vous dites que je ne fais rien ? Sachez que je fais beaucoup, car je fais la volonté de Dieu. » Nous étions loin de penser, à ce moment où M. l'abbé Fabre était dans la pleine activité de son zèle, que lui aussi verrait succéder à une vie si pleine d'œuvres l'inertie la plus complète. Mais éclairé et soutenu par une foi non moins admirable, il se soumit avec résignation à l'épreuve longue et douloureuse par laquelle la divine Providence voulut perfectionner sa vertu et augmenter ses mérites. Loin de se plaindre, il bénissait Dieu de lui donner ainsi le moyen de s'acquitter, dès ce monde, envers la justice divine, et il disait

souvent : « Frappez , frappez , Seigneur, maintenant , pourvu que vous m'épargniez dans
l'autre vie. » C'était faire preuve de la véritable prudence , de celle que le divin Maître se
plaignait de ne pas trouver dans les enfants de
lumière. Les prudents du siècle ne le sont que
pour les intérêts de ce monde ; les plus habiles
sont mal avisés, quand il s'agit de l'affaire la plus
importante, de la seule nécessaire, celle du salut.
M. l'abbé Fabre, nous l'avons déjà fait remarquer pour faire connaître le trait le plus frappant de son caractère , et nous le répétons pour
mieux spécialiser sa vertu, M. l'abbé Fabre
était doué d'une sagacité et d'une souplesse
qui l'auraient fait réussir excellemment dans
n'importe quelle carrière du monde. Il eut d'a-
bord l'habileté surnaturelle de mettre ce don
naturel au service de Dieu et des âmes , au lieu
de l'employer, comme tant d'autres , au profit
de son ambition ou de sa fortune ; car il vécut
toujours modeste et sans prétention et consacra
ses modiques ressources à toutes sortes de bonnes œuvres. Mais le chef-d'œuvre de sa pru-

dence évangélique a été de faire servir à ses intérêts spirituels ses infirmités, qui augmentaient tous les jours, jusqu'à ce qu'elles atteignissent ces limites extrêmes où elles exeitent la compassion de ceux qui en sont témoins et rendent la mort désirable, parce qu'elle devient une délivrance. Dieu lui a fait la grâce de conserver jusqu'au dernier moment toute son intelligence ; ce qui lui a permis de rendre ses souffrances satisfactoires et de thésauriser pour le Ciel, suivant le conseil de Notre-Seigneur, en relevant tous ses actes par les motifs surnaturels qui en font le mérite. Il étendit cette sollicitude pour ses intérêts spirituels jusqu'au delà de la tombe, en cherchant à se ménager beaucoup de prières pour le soulagement de son âme dans le Purgatoire. C'est ainsi qu'il dit un jour : « Je désire être enterré là où l'on priera davantage pour moi. » Ce vœu fut exaucé.

Durant les onze ans que dura cette épreuve, la Providence ne le priva pas de toute consolation humaine. Obligé de recourir à des collaborateurs, il trouva dans ces dignes ecclésiastiques,

et notamment dans **M.** l'abbé Gasc, qu'il honorait de sa prédilection, autant d'intelligence
que de dévouement et de délicatesse. Il reçut
les soins les plus empressés, les plus assidus
et les plus intelligents, soit de la part d'une
pieuse fille, émule des saintes femmes de l'E-
vangile, qui s'était vouée à son service par
pur dévouement, soit de la part des Sœurs de
la Ste.-Famille, qui ont regardé avec raison comme une dette de reconnaissance de ne reculer
devant aucune fatigue pour le soigner et le sou-
lager.

A mesure que le mal augmenta, il dut se res-
treindre de plus en plus dans l'exercice de ses
fonctions, jusqu'à ce que, le 1er octobre 1882,
il donna complètement sa démission et fut rem-
placé dans sa charge d'aumônier. Atteint d'une
paralysie de la moëlle épinière, il fut bientôt
dans l'impossibilité de sortir de sa chambre. Il
ne put même plus offrir lui-même le saint Sacrifice dans son oratoire privé. M. l'abbé Cor-
nède, l'un de ses meilleurs amis et digne de
l'être, lui rendit le service inappréciable de cé-

lébrer la sainte Messe dans le même lieu et de lui donner la Sainte Communion, excepté pendant les deux dernières années, où il ne put que rarement et avec beaucoup de peine, jouir de cette faveur.

Lorsque la paralysie eut gagné la gorge et mis obstacle à l'introduction de tout aliment, tout espoir de conserver le vénéré malade fut perdu. Il reçut l'Extrême-Onction en pleine connaissance, et malgré la difficulté qu'il avait à se faire comprendre, il parut s'associer aux dernières prières et se préparer immédiatement à paraître devant Dieu.

XI

Lorsque la nouvelle de sa mort se répandit en ville, elle y produisit une certaine émotion, bien que tout le monde s'y attendit, et donna occasion à l'opinion publique de louer ses vertus. Le corps, revêtu des ornements sacerdotaux, fut exposé, pendant vingt-quatre heures, dans une chapelle ardente, d'abord au rez-de-chaussée de la maison qu'il habitait, et ensuite dans la chapelle de la Ste.-Famille. Il fut entouré, tout le temps, par une assistance émue etre cueillie, qui semblait moins occupée à prier pour l'âme du défunt qu'à vénérer les dépouilles d'un saint prêtre déjà en possession de la gloire céleste.

Les funérailles, célébrées dans l'église St-Joseph, ont été dignes de celui qui en était l'objet ; elles ont été faites dans le plus grand ordre et avec toute la solennité possible. Mgr l'Evêque, voulant témoigner l'estime dont il honorait M. l'abbé Fabre, avait délégué M. Noguéry, vicaire-général, pour présider à la cérémonie. Le clergé tout entier, auquel s'étaient joints plusieurs Pères de Graves, le P. Souques, supérieur des Frères de St.-Viateur, qui était venu se joindre aux Maitres et aux élèves de Notre-Dame-des Treize-Pierres, pour payer un tribut de reconnaissance au bienfaiteur de leur établissement, toutes les communautés de la ville et leurs divers orphelinats composaient, avec les parents et les amis qui suivaient le char funèbre, un nombreux et magnifique cortège. Après l'absoute, M. le Grand-Vicaire est monté en chaire et a fait l'é-

loge funèbre du défunt. Dans un langage plein
de clarté et d'élévation , que sa voix puissante
rendait plus saisissant encore , il a rappelé les
principales œuvres d'une vie si édifiante, et en a
montré le principe dans l'esprit de foi dont était
pénétré celui auquel il rendait hommage.

Le cortège s'est dirigé ensuite vers le cime-
tière de Ste.-Claire, où les Sœurs de la Ste.-Fa-
mille ont été heureuses de donner à la dépouille
mortelle de celui qui vécut en grande partie pour
elles la dernière hospitalité. Une pensée tou-
chante et généreuse l'a fait inhumer dans le même caveau où repose, depuis plusieurs années ,
M. Blanc, ancien supérieur de la Sainte-Famille ,
qui semblait s'être soulevé sur son cercueil pour
accueillir et placer à ses côtés cet ami auquel la
même œuvre l'avait uni pendant la vie, et en
compagnie duquel maintenant il allait continuer
le suprême sommeil. L'un et l'autre modèles du
prêtre, mais offrant un type différent et se com-
plétant mutuellement : M. Blanc, représentait
plus particulièrement l'ancien clergé que recommandaient surtout les qualités personnelles, la

noblesse du caractère, ce je ne sais quoi de vénérable et d'antique qui inspirait l'estime et le
respect. Tels avaient été à Villefranche les Alric,
les Turq, les Carrière, etc. M. Blanc se distin-
guait plus spécialement par une simplicité et une
candeur charmantes. On n'a pas cru pouvoir lui
consacrer une épitaphe plus caractéristique que
celle-ci : *Vir simplex et rectus* (1). M. l'abbé Fabre avait un autre genre de vertu. Il représentait plutôt, par anticipation, et par conséquent
avec d'autant plus de mérite, le nouveau clergé
qui, sans négliger le soin de sa propre perfection, s'adonne avec beaucoup plus d'initiative
et d'élan que ses prédécesseurs aux œuvres de
zèle. Aussi l'inscription qui a paru rappeler le
mieux sa vertu dominante est cette parole de
saint Paul : *Libentissime impendam et superim-
pendar ipse pro animabus vestris* (2). Que cette
double tombe, qui garde des restes si précieux

(1) C'était un homme simple et droit. (Job, I, 1.)

(2) Je dépenserai tout ce que j'ai, et je me dépenserai moi-même pour le salut de vos âmes. (II
Cor., XII, 15.)

et contient un enseignement si complet de vertus sacerdotales, soit pour nous, qui marchons
dans le même chemin, comme une de ces pierres
qui indiquent au voyageur la route qu'il faut
suivre et la direction de la patrie.

FIN.

Villefranche, Imprimerie de Prosper Dufour.